재미GO! 어휘력GO!

어린이
고사성어

윤슬기 글
티케 그림

머리말

고사성어란 옛이야기로 전해지는 한자로 이루어진 말이에요. 여기에는 오랜 세월 수많은 사람의 경험과 지혜가 쌓여 있지요. 그래서인지 지금도 많은 사람이 고사성어의 의미를 크게 공감하며 사용하고 있어요.

아주 오래전, 다른 나라에서 시작된 이야기가 오늘날 우리의 삶에 동일하게 적용된다는 사실이 놀랍지 않나요? 이렇게 시대가 지나도 변하지 않는 중요한 가치가 있어요.

역사적 사건이나 고서에서 시작되어 현재까지도 일상생활에서 흔히 사용하는 고사성어는 관용구로서의 의미도 있어, 글이나 대화를 이해하는 데도 꼭 필요한 요소이자 어휘력 향상에 큰 도움이 될 거예요.

이제부터 함께할 귀여운 '빵 친구들'이 고사성어를 통해 여러분의 삶에서 일어나는 다양한 사건들을 재미있게 풀어갈 거예요.

유쾌한 '빵 친구들'과 함께 깔깔대고 웃다 보면 고사성어를 익히는 것은 물론이고, 중요한 삶의 가치들까지도 마음에 새기는 좋은 시간이 되길 바라요.

늘 이야기의 아이디어를 제공해 주는 두 딸 빛과 하늘, 학교에서 친구들 사이에 일어나는 생생한 모습을 전해주신 김혜정 선생님, 그 모습을 생기발랄한 그림으로 담아주신 그림작가 티케 님께 감사의 마음을 전합니다.

윤슬기 드림

차례

001 각골난망刻骨難忘, 뼈에 사무칠 정도로 큰 은혜 * 10
002 각주구검刻舟求劍, 융통성이 없는 세상 어리석음 * 12
003 갈등葛藤, 서로의 생각이 달라 다툼 * 14
004 감언이설甘言利說, 달콤한 말로 속여 꾀하는 말 * 16
005 감탄고토甘呑苦吐, 달면 삼키고 쓰면 뱉는다 * 18
006 개과천선改過遷善, 지난날의 잘못을 반성하고 발전함 * 20
007 격세지감隔世之感, 많이 변해 다른 세상이 된 듯함 * 22
008 견물생심見物生心, 물건을 보면 갖고 싶어지는 마음 * 24
009 결자해지結者解之, 일을 저지른 사람이 일을 해결함 * 26
010 결초보은結草報恩, 죽어서도 잊지 않고 은혜를 갚음 * 28
011 고진감래苦盡甘來, 고생 끝에 즐거움이 온다 * 30
012 과유불급過猶不及, 지나친 것은 모자람만 못하다 * 32
013 괄목상대刮目相對, 깜짝 놀랄만큼 실력이 발전함 * 34
014 교각살우矯角殺牛, 정도가 지나쳐 오히려 일을 망침 * 36
015 군계일학群鷄一鶴, 평범한 사람들 속에 뛰어난 한 사람 * 38
016 권토중래捲土重來, 실패 후 실력을 키워 다시 도전함 * 40
017 근묵자흑近墨者黑, 악을 가까이하면 악한 것에 물든다 * 42
018 금상첨화錦上添花, 좋은 일에 더해 또 좋은 일이 생김 * 44
019 금시초문今始初聞, 지금에서야 처음으로 들음 * 46
020 기우杞憂, 앞 일에 대한 쓸데없는 걱정 * 48
021 난형난제難兄難弟, 비슷해서 낫고 못함을 정하기 어려움 * 50
022 낭중지추囊中之錐, 뛰어난 재능은 감추기 어렵다 * 52
023 노심초사勞心焦思, 몹시 마음을 쓰며 애를 태움 * 54
024 다다익선多多益善, 많으면 많을수록 더욱 좋음 * 56
025 대기만성大器晚成, 크게 될 사람은 늦게 이루어진다 * 58

026 동문서답東問西答, 물음과 상관없는 엉뚱한 대답 * 60
027 동상이몽同床異夢, 같은 행동 다른 생각 * 62
028 막상막하莫上莫下, 잘하고 못함의 차이 없이 팽팽함 * 64
029 만신창이滿身瘡痍, 성한 데 없는 상처투성이 * 66
030 맹모삼천지교孟母三遷之敎, 좋은 교육 환경을 찾아 노력함 * 68
031 면목面目, 남을 대할 만한 체면 * 70
032 모순矛盾, 이치상 어긋나서 맞지 않음 * 72
033 문일지십聞一知十, 하나를 들으면 열을 안다 * 74
034 미봉책彌縫策, 해결 없이 급하게 눈가림만 함 * 76
035 발본색원拔本塞源, 어떤 일의 원인을 찾아 해결함 * 78
036 배은망덕背恩忘德, 남에게 입은 은혜를 저버림 * 80
037 백문불여일견百聞不如一見, 백 번 듣는 것보다 한 번 보는 것이 낫다 * 82
038 백미白眉, 여럿 가운데 가장 뛰어남 * 84
039 백전백승百戰百勝, 백 번 싸워 백 번 이김 * 86
040 부화뇌동附和雷同, 줏대 없이 남 따라 함께 움직임 * 88
041 비몽사몽非夢似夢, 완전히 잠들지도 깨지도 않음 * 90
042 비분강개悲憤慷慨, 슬프고 분한 마음 * 92
043 사면초가四面楚歌, 누구 도움도 받을 수 없이 고립됨 * 94
044 사상누각沙上樓閣, 모래 위에 세운 집 * 96
045 사이비似而非, 비슷한 듯하지만 아주 다른 것 * 98
046 사족蛇足, 쓸데없는 일이나 말 * 100
047 사필귀정事必歸正, 일은 반드시 바른길로 돌아감 * 102
048 살신성인殺身成仁, 자신을 희생하여 큰일을 이룸 * 104
049 삼고초려三顧草廬, 좋은 인재를 맞기 위해 노력함 * 106
050 새옹지마塞翁之馬, 좋고 나쁜 일은 예측하기 어렵다 * 108

차례

051 설상가상雪上加霜, 엎친 데 덮친 격 * 110
052 소탐대실小貪大失, 작은 것을 탐하다 큰 것을 잃음 * 112
053 수주대토守株待兎, 고지식하게 옛날 방법만 고집함 * 114
054 십중팔구十中八九, 열 가운데 여덟이나 아홉 * 116
055 아전인수我田引水, 자신의 이익만을 추구함 * 118
056 안하무인眼下無人, 교만하여 다른 사람을 업신여김 * 120
057 어부지리漁父之利, 엉뚱한 사람이 이익을 얻음 * 122
058 어불성설語不成說, 말도 안 되는 소리 * 124
059 역지사지易地思之, 처지를 바꾸어서 생각해 봄 * 126
060 오십보백보五十步百步, 조금 낫고 못함의 차이 * 128
061 완벽完璧, 부족함이 없이 완전함 * 130
062 용두사미龍頭蛇尾, 시작은 좋으나 끝은 보잘것 없음 * 132
063 우공이산愚公移山, 한 가지 일에 매진해 큰일을 이룸 * 134
064 우이독경牛耳讀經, 아무리 가르쳐도 알아듣지 못함 * 136
065 유비무환有備無患, 미리 준비되어 걱정 없는 상태 * 138
066 유유자적悠悠自適, 얽매임 없이 마음 편히 지냄 * 140
067 이심전심以心傳心, 마음과 마음으로 서로 뜻이 통함 * 142
068 인과응보因果應報, 원인과 결과는 서로 연결된다 * 144
069 일거양득一擧兩得, 한 가지 일로 두 가지 이익을 얻음 * 146
070 일취월장日就月將, 나날이 자라거나 발전함 * 148
071 일편단심一片丹心, 진심에서 나온 변치 않는 마음 * 150
072 임기응변臨機應變, 뜻밖의 상황에 대한 빠른 대처 * 152
073 임전무퇴臨戰無退, 전쟁에 나아가 물러서지 않음 * 154
074 입신양명立身揚名, 출세하여 세상에 이름을 떨침 * 156
075 자업자득自業自得, 자기가 벌인 일의 결과는 자기 받음 * 158
076 자포자기自暴自棄, 절망에 빠져 스스로 포기함 * 160

077 작심삼일作心三日, 결심이 굳지 못함 * 162
078 적반하장賊反荷杖, 잘못한 사람이 잘못 없는 사람을 나무람 * 164
079 전화위복轉禍爲福, 걱정이 바뀌어 오히려 복이 됨 * 166
080 정신일도하사불성精神一到何事不成, 정신만 차리면 어떤 일도 해낸다 * 168
081 조삼모사朝三暮四, 눈 앞에 이익만 좇는 어리석음 * 170
082 좌우명座右銘, 늘 가까이 가르침으로 삼는 말 * 172
083 좌정관천坐井觀天, 사람의 견문이 매우 좁음 * 174
084 주객전도主客顚倒, 입장이 뒤바뀐 상태 * 176
085 줄탁동시啐啄同時, 서로 도와야 일이 순조롭게 완성됨 * 178
086 지음知音, 내 속마음까지 알아주는 친구 * 180
087 지피지기知彼知己, 적을 알고 나를 안다 * 182
088 철면피鐵面皮, 뻔뻔스럽고 염치없는 사람 * 184
089 청출어람靑出於藍, 스승보다 뛰어난 제자 * 186
090 초지일관初志一貫, 처음에 세운 뜻을 끝까지 밀고 나감 * 188
091 촌철살인寸鐵殺人, 정곡을 찌르는 짧은 말 * 190
092 침소봉대針小棒大, 작은 일을 크게 부풀려 말함 * 192
093 타산지석他山之石, 다른 사람의 안좋은 점을 교훈 삼음 * 194
094 토사구팽兔死狗烹, 필요할 때만 쓰고, 필요 없을 때는 버림 * 196
095 풍비박산風飛雹散, 엉망으로 깨지고 흩어져 버림 * 198
096 풍전등화風前燈火, 매우 위태로운 처지에 놓임 * 200
097 학수고대鶴首苦待, 무언가를 간절히 기다림 * 202
098 함흥차사咸興差使, 사람이 돌아오지 않거나 소식이 없음 * 204
099 허심탄회虛心坦懷, 터놓고 말할 만큼 거리낌 없음 * 206
100 호시탐탐虎視眈眈, 형세를 살피며 기회를 엿보는 모습 * 208
101 화룡점정畵龙點睛, 가장 중요한 부분을 마쳐 일을 끝냄 * 210

이글

"열정 하나만큼은 최고!"
이글이글 타오르는 열정의 아이콘으로,
힘이 세고 운동을 잘한다. 시원시원한
성격이나, 성급해서 실수도 많은 편이다.

폭신이

"좋은 게 좋은 거지~"
폭신폭신 따뜻한 마음의 소유자로 친구들 사이의
갈등을 중재하는 해결사다. 느긋한 성격 탓에
약속 시간에 잘 늦기도 한다.

로리

"뭐 좀 도와줄까?"
항상 눈치 빠른 재치꾼으로 잔재주가 많고,
통통 튀는 분위기 메이커다. 따뜻한
성격이지만 장난도 잘 친다.

소라

"나보다 우아한 사람 있어?"
평범함을 거부하는 성격으로, 감성이
풍부하고 예술적 감각이 뛰어나다.
자신만의 세계와 엉뚱한 면이 있다.

게뚜

"모르는 건 나에게 물어봐."
평소 책보기를 좋아하는 진지한 성격이다.
모르는 걸 물어보면 뭐든지 대답해 주는
척척박사지만 친구들의 장난에는
잘 당하는 편이다.

피니

"인생은 즐겁게!"
항상 밝은 에너지를 뿜어내는 아이디어뱅크로
언제나 장난칠 준비가 된 개구쟁이다.
의외로 생각이 깊고, 속마음은 따뜻하다.

001 각골난망 刻骨難忘

새길 각 뼈 골 어려운 난 잊을 망

뼈에 사무칠 정도로 큰 은혜

고마운 은혜를 입은 것이 뼈에 깊이 새겨질 만큼 잊혀지지 않는다는 뜻이에요. "사랑으로 가르쳐주신 선생님의 은혜는 각골난망입니다"처럼 쓰여요.

〈비〉白骨難忘 백골난망

002 각주구검 刻舟求劍

새길**각** 배**주** 구할**구** 칼**검**

융통성이 없는 세상 어리석음

'칼을 강물에 떨어뜨리자, 뱃전에 그 자리를 표시했다가 나중에 그 칼을 찾으려 한다.'는 뜻으로, 판단력이 둔하고 융통성 없이 어리석다는 말이에요.

〈비〉 刻船求劍 각선구검

003 갈등 葛藤
칡갈 등나무등

서로의 생각이 달라 다툼

'칡과 등나무'란 뜻으로 둘이 서로 얽히는 것처럼, 개인이나 집단 사이에 생각이 달라 서로 적대시하거나 충돌하는 것을 말해요.

〈비〉反目 반목

004 감언이설 甘言利說

달감 말씀언 날카로울이 말씀설

달콤한 말로 속여 꾀하는 말

'달콤한 말과 이로운 이야기'란 뜻으로, 상대방이 당장 듣기 좋게 꾸민 달콤하고 좋은 조건의 말이에요.

〈비〉 巧言令色 교언영색
〈반〉 言中有骨 언중유골

005
감탄고토
甘呑苦吐
달감 삼킬탄 쓸고 토할토

달면 삼키고 쓰면 뱉는다

'달면 삼키고 쓰면 뱉는다'는 뜻으로, 자신의 비위에 따라서 사리의 옳고 그름을 판단하는 것을 말해요.

신나는 미술 시간~

세계 최고의 화가가 될거야!

그림을 그리려면 체력도 좋아야 하니까 체육도 열심히 하고~

체육 시간

음악 시간

나의 교양과 정신건강을 위해 음악 정도는 해줘야지.

006 개과천선 改過遷善

고칠 개 · 지날 과 · 옮길 천 · 착할 선

지난날의 잘못을 반성하고 발전함

'지난날의 잘못이나 허물을 고쳐 올바르고 착하게 된다'는 뜻이에요. 누구나 잘못은 할 수 있어요. 하지만 거기서 끝내지 않고 잘못으로부터 돌아서는 용기와 삶의 변화를 위한 노력이 필요해요.

007 격세지감 隔世之感
사이뜰**격** 인간세 갈지 느낄**감**

많이 변해 다른 세상이 된 듯함

'아주 바뀐 다른 세상이 된 것 같은 느낌'이란 뜻으로, 오래지 않은 시간동안 몰라보게 큰 변화가 있을 때 쓰는 말이에요.

〈비〉 桑田碧海 상전벽해

008 견물생심 見物生心
볼 견 물건 물 날 생 마음 심

물건을 보면 갖고 싶어지는 마음

'물건을 보면 욕심이 생긴다'는 뜻이에요. 자꾸만 눈이 가고 욕심이 나는 물건이 있죠. 탐나는 물건을 계속 보고 있으면 욕심이 생길 수 있으니 빠져들지 않도록 조심해요.

009 결자해지 結者解之
맺을결 놈자 풀해 갈지

일을 저지른 사람이 일을 해결함

'맺은 사람이 풀어야 한다는 뜻'으로, 문제를 일으킨 사람이 책임 있게 문제를 해결해야 한다는 말이에요. 친구들이 야구를 하다가 문제가 생긴 것 같아요. 누가 해결해야 할까요?

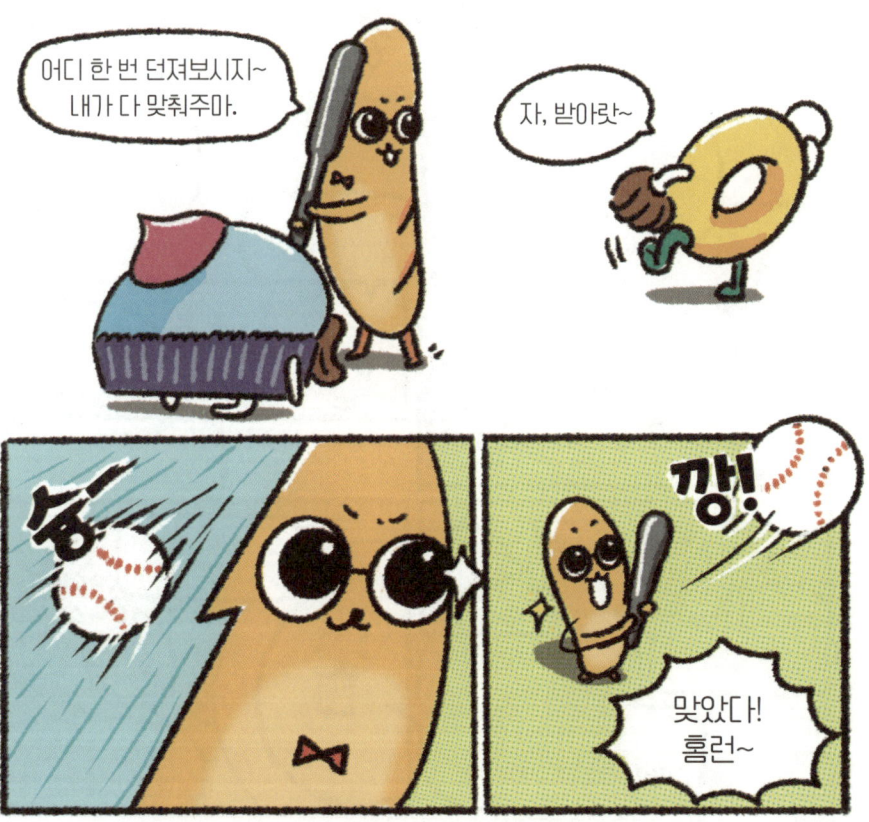

010 결초보은 結草報恩
맺을결 풀초 갚을보 은혜은

죽어서도 잊지 않고 은혜를 갚음

은혜를 입은 딸의 죽은 아버지가 풀을 묶어 적군을 넘어지게 했다는 이야기에서 생겨난 말이에요. 죽어 혼이 되더라도 은혜를 잊지 않고 갚는다는 뜻이에요.

〈비〉難忘之恩 난망지은

아빠, 도착하려면 아직 멀었어요?

오늘은 차가 많이 막히네?

심심하면 우리 끝말잇기나 할까?

오! 좋아요. 끝말잇기라면 자신있어요!

시작합니다~ 놀이!

이?

이…름!

011
고진감래 苦盡甘來
쓸고 다할진 달감 올래

고생 끝에 즐거움이 온다

'쓴 것이 다하면 단 것이 온다'는 뜻으로, 고생 끝에 즐거움이 옴을 이르는 말입니다. 지금 힘든 일이 있더라도 따라올 즐거움을 생각하며 힘을 내요.

〈반〉 興盡悲來 흥진비래

내려올 땐 신나는 데 올라가는 건 너무 힘들어~

그러게 말이야.

조금만 참아. **고진감래**라잖아. 고생 끝에 즐거움이 올거야.

012 과유불급
過猶不及
지날 과 오히려 유 아닐 부(불) 미칠 급

지나친 것은 모자람만 못하다

'모든 사물이 정도를 지나치면 미치지 못한 것과 같다'는 뜻으로, 넘치는 것은 오히려 부족함만 못하다는 말이에요.

〈비〉 矯角殺牛 교각살우

폭신아~ 패션이 그게 뭐니? 너무 후줄근해~ 머리는 감은 거야?

그…그래? 난 꾸미는 건 잘 못해서….

이리 와 봐. 내가 완전히 변신시켜 줄게~

어울리는 거 맞지?

우선 이거라도 먼저 해봐!

013

괄목상대
刮目相對
긁을괄 눈목 서로상 대할대

깜짝 놀랄만큼 실력이 발전함

'눈을 비비고 상대편을 본다'는 뜻으로, 남의 학식이나 재주가 놀랄 만큼 부쩍 늘어난 것을 이르는 말이에요.

〈비〉日就月將 일취월장

014 교각살우 矯角殺牛
바로잡을교 뿔각 죽일살 소우

정도가 지나쳐 오히려 일을 망침

'소의 뿔을 바로잡으려다가 소를 죽인다'는 뜻으로, 잘못된 점을 고치려다가 그 방법이나 정도가 지나쳐 오히려 일을 망친다는 말이에요.

〈비〉 過猶不及 과유불급

015 군계일학
群鷄一鶴
무리 군 닭 계 한 일 학 학

평범한 사람들 속에 뛰어난 한 사람

'닭 떼 속에 섞여 있는 두루미 한 마리'라는 뜻으로, 평범한 사람들 가운데 매우 돋보이는 한 사람을 가리켜요.

〈비〉 囊中之錐 낭중지추
〈반〉 張三李四 장삼이사

016 권토중래 捲土重來

거둘 권 흙 토 무거울 중 올 래

실패 후 실력을 키워 다시 도전함

'땅을 말아 일으킬 것 같은 기세로 다시 온다'는 뜻으로, 한 번 실패하였으나 힘을 길러 다시 도전하는 모습을 말해요.

〈비〉死灰復燃 사회부연

017 근묵자흑 近墨者黑
가까울 근 먹 묵 놈 자 검을 흑

악을 가까이하면 악한 것에 물든다

'먹을 가까이하면 검어진다'는 뜻으로, 나쁜 사람과 가까이 지내면 나쁜 버릇에 물들기 쉬움을 비유적으로 이르는 말이에요.

〈비〉 近朱者赤 근주자적

018
금상첨화
錦上添花
비단금 윗상 더할첨 꽃화

좋은 일에 더해 또 좋은 일이 생김

'비단 위에 꽃을 더한다'는 뜻으로, 좋은 일이 있는데 또 좋은 일이 생기는 것을 말해요.

〈반〉雪上加霜 설상가상

019 금시초문
今始初聞
이제금 때시 처음초 들을문

지금에서야 처음으로 들음

지금 처음으로 들었다는 말이에요. 가끔은 들었지만 못 들은 척 하고 싶을 때도 있죠? 여기도 그런 친구들이 있네요.

020

기우 杞憂
구기자기 근심우

앞 일에 대한 쓸데없는 걱정

중국의 기(杞)나라 사람이 하늘이 무너질까봐 밥과 잠도 잊고 걱정한 이야기에서 유래한 말로, '쓸데없는 걱정'을 뜻합니다.

021 난형난제
難兄難弟
어려울난 형형 어려울난 아우제

비슷해서 낫고 못함을 정하기 어려움

'누구를 형이라 하고 누구를 아우라 하기 어렵다'는 뜻으로, 둘이 비슷하여 낫고 못함을 정하기 어렵다는 말이에요.

〈비〉 莫上莫下 막상막하

022 낭중지추 囊中之錐

주머니낭 가운데중 갈지 송곳추

뛰어난 재능은 감추기 어렵다

'주머니 속의 송곳'이라는 뜻으로, 재능이 뛰어난 사람은 숨어 있어도 저절로 사람들에게 알려진다는 말이에요.

〈비〉群鷄一鶴 군계일학

023
노심초사
勞心焦思
일할로 마음심 탈초 생각사

몹시 마음을 쓰며 애를 태움

어떤 일에 몹시 마음을 쓰며 애를 태워본 경험이 있나요? 그럴 때 우리는 노심초사한다고 해요.

〈비〉焦心苦慮 초심고려

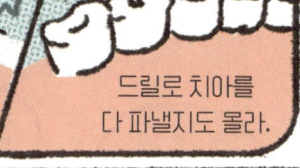

024 다다익선 多多益善
많을다 많을다 더할익 착할선

많으면 많을수록 더욱 좋음

많으면 많을수록 더욱 좋다는 말이에요. 그렇다고 뭐든 많이 가지려 욕심내라는 뜻은 아니에요. 많을수록 좋은 것은 무엇이 있을까요?

〈비〉 多多益辦 다다익판

025 대기만성 大器晚成
클대 그릇기 늦을만 이룰성

크게 될 사람은 늦게 이루어진다

'큰 그릇을 만드는 데는 시간이 오래 걸린다'는 뜻으로, 크게 될 사람은 뒤늦게 만들어지는 것을 말합니다. 당장 일이 잘 안 풀리더라도 포기하지 말아요.

026 동문서답 東問西答
동녘동 물을문 서녘서 대답답

물음과 상관없는 엉뚱한 대답

'동쪽에서 물었는데 서쪽에서 답한다'는 뜻으로, 물음과는 전혀 상관없는 엉뚱한 대답을 말해요.

〈비〉問東答西 문동답서

027 동상이몽
同床異夢
같을동 평상상 다를이 꿈몽

같은 행동 다른 생각

'같은 자리에 자면서 다른 꿈을 꾼다'는 뜻으로, 겉으로는 같이 행동하면서도 속으로는 각각 딴생각을 품고 있다는 말이에요.

〈비〉口蜜腹劍 구밀복검

028 막상막하
莫上莫下
없을 막 윗 상 없을 막 아래 하

잘하고 못함의 차이 없이 팽팽함

어느 것이 위고 아래인지 분간할 수 없을 만큼 더 낫고 더 못함의 차이가 없다는 뜻이에요. 막상막하의 팽팽한 긴장감을 함께 느껴볼까요?

〈비〉難兄難弟 난형난제

029 만신창이 滿身瘡痍
찰만 몸신 부스럼창 상처이

성한 데 없는 상처투성이

'온몸이 상처투성이'라는 뜻으로, 일이 아주 엉망이 되었을 때 비유적으로 쓰여요. 여기에 게임 한판으로 만신창이가 된 친구들이 있다죠?

030 맹모삼천지교 孟母三遷之敎

맏맹 어머니모 석삼
옮길천 갈지 가르칠교

좋은 교육 환경을 찾아 노력함

'맹자의 어머니가 맹자의 교육을 위해 세 번이나 이사를 한 가르침'이라는 뜻으로, 교육에는 주위 환경이 중요하다는 가르침이에요.

〈비〉 斷機之敎 단기지교

031 면목 面目
낯 면 눈 목

남을 대할 만한 체면

'얼굴과 눈이라는 뜻'으로, 남을 대하기에 떳떳한 도리나 체면을 말해요. 부끄러운 일을 했을 때 '면목이 없다'라고 많이 쓰여요.

032

모순
矛盾
창 모 방패 순

이치상 어긋나서 맞지 않음

'창과 방패'라는 뜻으로, 어떤 사실의 앞뒤, 또는 두 사실이 이치상 어긋나서 서로 맞지 않을 때 쓰이는 말이에요.

〈비〉 二律背反 이율배반

033 문일지십
聞一知十
들을문 한일 알지 열십

하나를 들으면 열을 안다

'하나를 듣고 열 가지를 미루어 안다'는 뜻으로, 지극히 총명한 사람을 두고 하는 말이에요. 피니는 어쩜 저렇게 많은 걸 알고 있었을까요?

〈비〉得一忘十 득일망십

034

미봉책
彌縫策
미륵미 꿰맬봉 꾀책

해결 없이 급하게 눈가림만 함

'꿰매어 깁는 계책'이란 뜻으로, 결점이나 실패를 덮어 발각되지 않게 이리저리 주선하여 감추기만 하는 계책이에요.

〈비〉姑息之計 고식지계

035

발본색원 拔本塞源
뽑을발 근본본 막을색 근원원

어떤 일의 원인을 찾아 해결함

'좋지 않은 일의 근본 원인이 되는 요소를 완전히 없애 버려서 다시는 그러한 일이 생길 수 없도록 한다'는 뜻이에요.

〈비〉 去其枝葉 거기지엽

036 배은망덕 背恩忘德
등배 은혜은 잊을망 클덕

남에게 입은 은혜를 저버림

남에게 입은 은덕을 저버리고 배신하는 태도를 말해요. 저기 이글이는 누구에게 배신을 당했기에 저렇게 화나 있는 걸까요?

037

백문불여일견
百聞不如一見
일백백 들을문 아닐불 같을여 한일 볼견

백 번 듣는 것보다 한 번 보는 것이 낫다

'백 번 듣는 것이 한 번 보는 것만 못하다'는 뜻으로, 무엇이든지 경험해 보아야 보다 확실히 알 수 있다는 말이에요. 우리 게뚜의 수영실력을 감상하러 가볼까요?

〈비〉 耳聞不如目見 이문불여목견

038 백미 白眉
흰백 눈썹미

여럿 가운데 가장 뛰어남

'흰 눈썹'이라는 뜻으로, 여럿 가운데에서 가장 뛰어난 사람이나 훌륭한 물건을 비유적으로 이르는 말이에요. 여러분이 백미로 꼽는 음식은 무엇인가요?

〈비〉 群鷄一鶴 군계일학

039

백전백승
百戰百勝
일백백 싸움전 일백백 이길승

백 번 싸워 백 번 이김

백 번 싸워 백 번 이길 만큼, 싸울 때마다 매번 이긴다는 뜻이에요. 저기 재미있는 게임 중이네요. 백전백승을 달리고 있는 피니를 꺾는 승자가 과연 나올까요?

〈비〉百戰不敗 백전불패

나랑 '31게임' 할 사람?

나!

오늘은 꼭 이겨야지.

그 다음은 내 차례야.

그게 무슨 게임인데?

서로 번갈아 가면서 차례로 숫자를 3개까지 부를 수 있는데

'31'을 말하면 지는 게임이야.

자, 간다~
1, 2
3, 4, 5
6

29, 30
아무래도 내가 또 이긴 거 같은데?

040

부화뇌동
附和雷同
붙을부 화할화 우레뢰 한가지동

줏대 없이 남을 따라 함께 움직임

'우레 소리에 맞춰 함께한다'는 뜻으로, 줏대 없이 남의 의견에 따라 움직이는 것을 의미해요.

〈비〉雷同附和 뇌동부화

041

비몽사몽
非夢似夢
아닐비 꿈몽 닮을사 꿈몽

완전히 잠들지도 깨지도 않음

완전히 잠이 들지도 잠에서 깨어나지도 않은 어렴풋한 상태를 말해요. 게뚜는 오늘 왜 이렇게 비몽사몽인 걸까요?

〈비〉似夢非夢 사몽비몽

042

비분강개
悲憤慷慨
슬플비 분할분 강개할강 슬플개

슬프고 분한 마음

'슬프고 분하여 마음이 북받친다'는 뜻으로 무척 슬프고 분한 마음을 말합니다. 이야기 속 비분강개하는 소라를 대하는 폭신이의 태도가 감동이네요.

043 사면초가 四面楚歌
넉 사 낯 면 초나라 초 노래 가

누구 도움도 받을 수 없이 고립됨

적에게 둘러싸인 상태나 누구의 도움도 받을 수 없는 고립 상태에 빠졌을 때 쓰는 말이에요. 술래잡기 중인 로리가 사면초가에 빠졌네요?

〈비〉進退兩難 진퇴양난

044 사상누각
沙上樓閣
모래사 윗상 다락루 집각

모래 위에 세운 집

'모래 위에 세운 누각'이라는 뜻으로, 기초가 튼튼하지 못하여 오래 견디지 못할 일이나 물건을 이르는 말이에요. 무엇이든 기초를 잘 다지는 일이 중요해요.

045

사이비
似而非
닮을사 말이을이 아닐비

비슷한 듯하지만 아주 다른 것

겉으로 보기에는 비슷한 듯하지만 근본적으로는 아주 다른 것을 사이비라고 해요. 진짜와 사이비를 구분할 줄 아는 안목을 잘 길러야겠죠?

〈비〉同床異夢 동상이몽

046
사족
蛇足
긴뱀사 발족

쓸데없는 일이나 말

'뱀을 다 그리고 나서 있지도 아니한 발을 덧붙여 그려 넣는다'는 뜻으로, 쓸데없는 군짓을 하여 도리어 잘못되게 함을 이르는 말이에요.

〈비〉 蛇上安蛇 상상안상

047 사필귀정 事必歸正
일사 반드시필 돌아갈귀 바를정

일은 반드시 바른길로 돌아감

'모든 일은 반드시 바른길로 돌아간다'는 뜻이에요. '이 정도는 괜찮겠지?'하며 속이는 일들도 결국엔 바른길로 돌아가게 되어 있답니다.

〈비〉因果應報 인과응보

048 살신성인 殺身成仁
죽일 살 · 몸 신 · 이룰 성 · 어질 인

자신을 희생하여 큰일을 이룸

'자기의 몸을 희생하여 옳은 도리를 행한다'는 뜻이에요. 저기 살신성인의 자세가 몸에 배어 있는 폭신이를 만나러 가볼까요?

〈비〉捨生取義 사생취의

049 삼고초려 三顧草廬

석삼 돌아볼고 풀초 농막집려

좋은 인재를 맞기 위해 노력함

삼국지의 유비가 제갈공명을 맞이하기 위해 세 번이나 찾아갔던 일화로, 인재를 맞아들이기 위하여 참을성 있게 노력한다는 뜻이에요.

050 새옹지마 塞翁之馬
변방새 늙은이옹 갈지 말마

좋고 나쁜 일은 예측하기 어렵다

옛날 중국 '어느 노인의 도망간 말' 이야기로, 세상만사는 변화가 많아 어느 것이 화가 되고, 어느 것이 복이 될지 예측하기 어렵다는 말이에요.

〈비〉 轉禍爲福 전화위복

051 설상가상 雪上加霜
눈 설 윗 상 더할 가 서리 상

엎친 데 덮친 격

'눈 위에 서리가 덮인다'는 뜻으로, 난처한 일이나 불행한 일이 잇따라 일어나는 경우에 쓰는 말이에요. 저기 이글이가 지금 난처한 상황에 처한 것 같네요?

〈비〉雪上加雪 설상가설
〈반〉錦上添花 금상첨화

052 소탐대실 小貪大失
작을소 탐낼탐 클대 잃을실

작은 것을 탐하다 큰 것을 잃음

작은 것을 탐하다가 오히려 큰 것을 잃는다는 뜻이에요. 시험을 앞두고 밤을 새운 소라. 과연 좋은 결과를 얻을 수 있을까요?

〈비〉 過猶不及 과유불급

053 수주대토 守株待兔

지킬수 그루주 기다릴대 토끼토

고지식하게 옛날 방법만 고집함

'그루터기를 지켜 토끼를 기다린다'는 뜻으로, 한 가지 일에만 얽매여 발전을 모르는 어리석은 사람을 비유적으로 이르는 말이에요.

〈비〉 刻舟求劍 각주구검

054 십중팔구 十中八九
열십 가운데중 여덟팔 아홉구

열 가운데 여덟이나 아홉

열 가운데 여덟이나 아홉 정도로 거의 대부분이거나, 틀림없다는 뜻이에요. 여기 십중팔구를 외치며 자신감 넘치는 친구들이 있네요?

〈비〉 十常八九 십상팔구

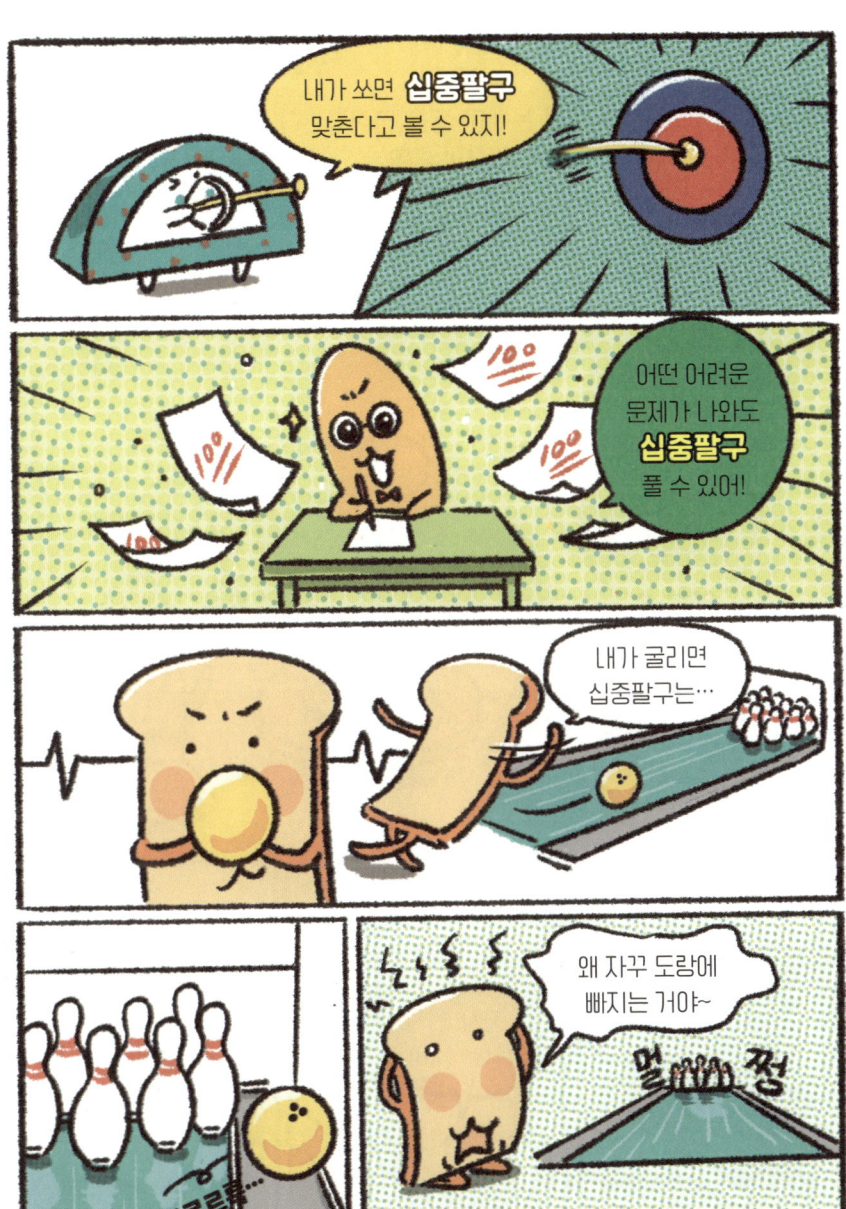

055 아전인수
我田引水
나아 밭전 끌인 물수

자신의 이익만을 추구함

'자기 논에만 물을 끌어넣는다'는 뜻으로, 자기의 이익을 먼저 생각하고 행동할 때 쓰는 말이에요.

〈비〉牽强附會 견강부회
〈반〉易地思之 역지사지

056 안하무인
眼下無人
눈안 아래하 없을무 사람인

교만하여 다른 사람을 업신여김

'눈 아래에 사람이 없다'는 뜻으로, 방자하고 교만하여 다른 사람을 업신여김을 이르는 말이에요. 항상 겸손한 마음으로 주위를 돌아보아야 합니다.

〈비〉 傲岸不遜 오안불손

057 어부지리 漁父之利
고기잡을 어 지아비 부 갈 지 이로울 리

엉뚱한 사람이 이익을 얻음

두 사람이 이해관계로 서로 싸우는 사이에 엉뚱한 사람이 애쓰지 않고 가로챈 이익을 이르는 말이에요. 저기 흥미진진한 장애물달리기 현장으로 가볼까요?

〈비〉 犬兔之爭 견토지쟁

058

어불성설
語不成說
말씀어 아닐불 이룰성 말씀설

말도 안 되는 소리

'말이 이치에 맞지 않는다'는 뜻이에요. 시험을 앞두고 다들 벼락치기 하는 상황에서 저기 여유가 넘치는 한 친구가 있네요. 비결이 뭘까요?

〈비〉萬不成說 만불성설

059 역지사지 易地思之
바꿀역 땅지 생각사 갈지

처지를 바꾸어서 생각해 봄

'처지를 서로 바꾸어 생각한다'는 뜻이에요. 상대방의 입장에서 생각하면 서로 부딪힐 일도 줄고, 상대방을 더 잘 이해할 수 있어요.

〈비〉易地則皆然 역지즉개연
〈반〉我田引水 아전인수

060 오십보백보
五十步百步
다섯 오 열 십 걸음 보 일백 백 걸음 보

조금 낫고 못함의 차이

'오십 보 도망한 사람이 백 보 도망한 사람을 비웃는다'는 뜻으로, 조금 낫고 못한 차이는 있지만 본질적으로 차이가 없다는 말이에요.

〈비〉 大同小異 대동소이

여름 캠핑 단톡방

아글이: 이제 진짜 몇 일 안 남았네?

피니: '며칠'이 올바른 표현이야.

아글이: 가끔 실수할 수도 있지! 다들 준비는 잘 되?

피니: 가끔이 아닌 것 같은데? 여기선 잘 '돼'가 맞아.

소라: 피니야, 이렇게 자꾸 지적하다가 우리 두꺼운 우정에 금 가겠다.

피니: '두터운' 우정이겠지. 너희가 자꾸 틀리니까 나만 째째해지잖아~

소라: '쩨쩨하다'가 맞거든?!

061 완벽 完璧
완전할완 구슬벽

부족함이 없이 완전함

'흠이 없는 구슬'이라는 뜻으로, 결함이 없이 완전함을 이르는 말이에요. 인간미 넘치는 피니를 통해 '완벽'의 유래를 한번 들어볼까요?

〈비〉 完璧歸趙 완벽귀조

062
용두사미
龍頭蛇尾
용용 머리두 긴뱀사 꼬리미

시작은 좋으나 끝은 보잘것 없음

'머리는 용이고 꼬리는 뱀'이라는 뜻으로, 시작은 좋았으나 끝은 보잘것없이 흐지부지되는 경우에 쓰여요. 성실하고 꾸준한 자세가 필요하겠죠?

〈비〉 有頭無尾 유두무미
〈반〉 始終一貫 시종일관

063 우공이산 愚公移山
어리석을 우 공평할 공 옮길 이 메 산

한 가지 일에 매진해 큰일을 이룸

'우공이 산을 옮긴다'는 말로, 남이 보기엔 어리석은 일처럼 보이지만 한 가지 일을 끝까지 밀고 나가면 언젠가는 목적을 달성할 수 있다는 뜻입니다.

〈비〉 磨斧爲針 마부위침

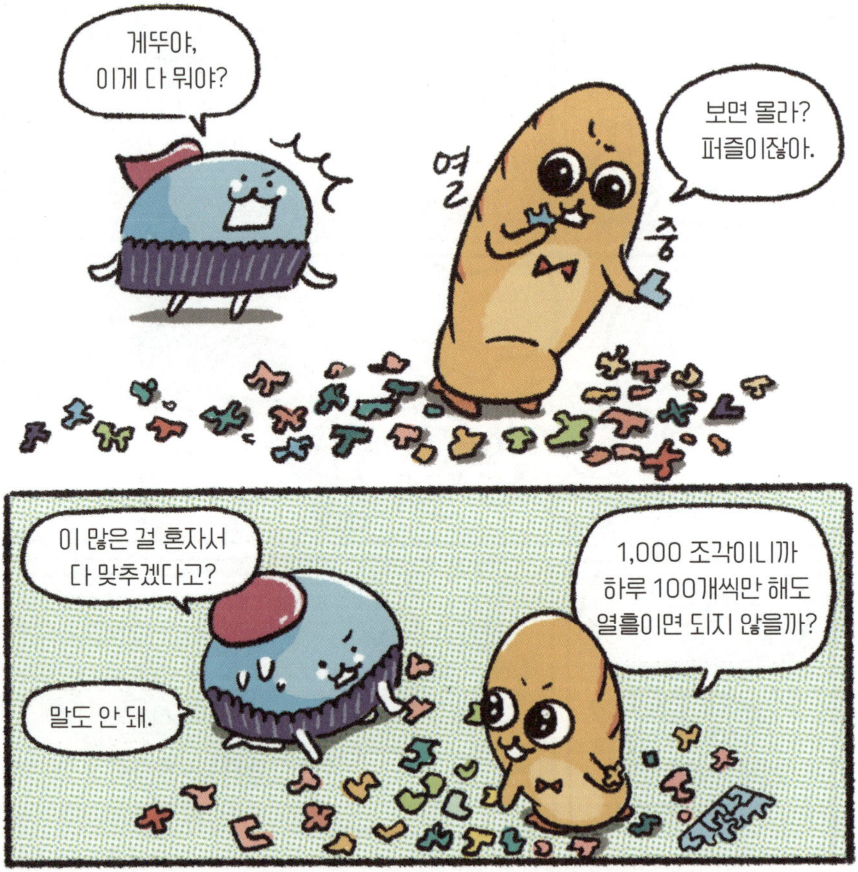

게뚜야, 이게 다 뭐야?

보면 몰라? 퍼즐이잖아.

이 많은 걸 혼자서 다 맞추겠다고?

1,000 조각이니까 하루 100개씩만 해도 열흘이면 되지 않을까?

말도 안 돼.

064 우이독경 牛耳讀經
소우 귀이 읽을독 지날경

아무리 가르쳐도 알아듣지 못함

'쇠귀에 경 읽기'란 뜻으로 우둔한 사람은 아무리 가르치고 일러주어도 알아듣지 못함을 비유하여 이르는 말이에요.

〈비〉馬耳東風 마이동풍

065
유비무환
有備無患
있을유 갖출비 없을무 근심환

미리 준비되어 걱정 없는 상태

'미리 준비되어 있으면 걱정할 것이 없다'는 뜻이에요. 게뚜와 피니가 바닷가에 놀러 갔네요. 게뚜의 준비성은 어디까지인지 한번 볼까요?

〈비〉居安思危 거안사위
〈반〉死後藥方文 사후약방문

066 유유자적 悠悠自適
멀유 멀유 스스로자 맞을적

얽매임 없이 마음 편히 지냄

'여유가 있어 한가롭고 걱정이 없는 모양'이라는 뜻으로, 얽매임 없이 마음 편히 지냄을 이르는 말이에요.

〈비〉 悠然自適 유연자적

067 이심전심 以心傳心
써 이 마음 심 전할 전 마음 심

마음과 마음으로 서로 뜻이 통함

굳이 말하거나 행동하지 않더라도 마음과 마음으로 서로 뜻이 통한다는 말이에요. 저기 친구들끼리 서로 마음을 맞추는 게임이 진행 중이네요?

〈비〉拈華微笑 염화미소

068 인과응보 因果應報
인할인 실과과 응할응 갚을보

원인과 결과는 서로 연결된다

'원인과 결과는 서로 물고 물린다'는 뜻이에요. '콩 심은 데 콩 나고 팥 심은 데 팥 난다'는 말도 있어요. 평소 좋은 행동을 하면 좋은 결과로 나타난답니다.

〈비〉 事必歸正 사필귀정

069 일거양득
一擧兩得
한일 들거 두량(양) 얻을득

한 가지 일로 두 가지 이익을 얻음

'한 가지 일을 하여 두 가지 이익을 얻는다'는 뜻이에요. 여기 한 가지 좋은 습관으로 여러 가지 이득을 본 친구들이 있네요. 만나러 가볼까요?

〈비〉 一石二鳥 일석이조
〈반〉 一擧兩失 일거양실

070 일취월장
日就月將
날**일** 나아갈**취** 달**월** 장수**장**

나날이 자라거나 발전함

'나날이 다달이 자라거나 발전한다'는 뜻이에요. 처음에 어려운 일이라도 하루하루 차곡차곡 연습을 쌓다보면 누구나 일취월장할 수 있어요.

〈비〉 刮目相對 괄목상대

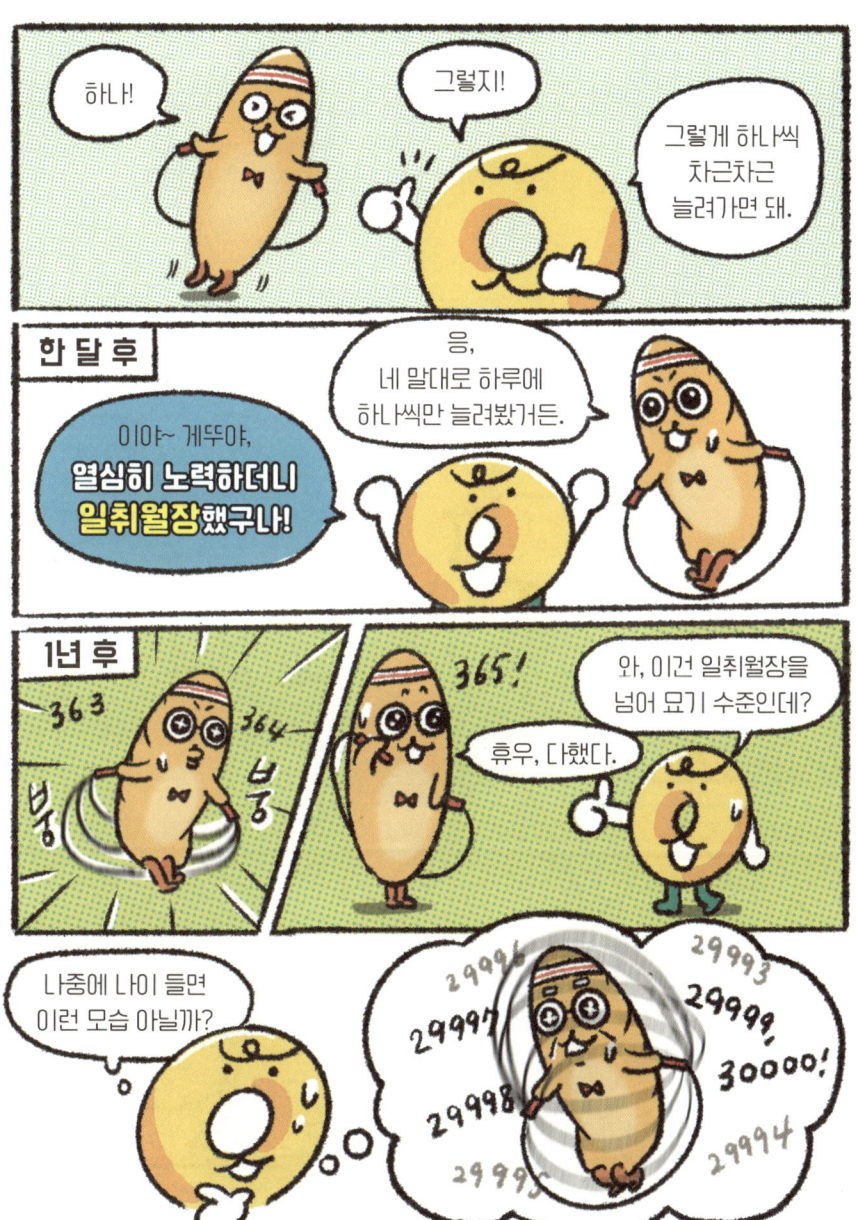

071 일편단심 一片丹心
한 일 조각 편 붉을 단 마음 심

진심에서 나온 변치 않는 마음

'한 조각의 붉은 마음'이라는 뜻으로, 진심에서 우러나오는 변치 않는 마음을 말해요. 누군가 일편단심으로 한결같이 응원해준다면 정말 큰 힘이 되겠죠?

〈비〉 忠誠心 충성심

072 임기응변 臨機應變

임할**임** 틀**기** 응할**응** 변할**변**

뜻밖의 상황에 대한 빠른 대처

그때그때 처한 뜻밖의 일을 재빨리 그 자리에서 알맞게 대처하는 일을 말해요. 저기 피니가 버스 안에서 난처한 상황에 놓였네요. 임기응변을 잘 해낼 수 있을까요?

〈비〉 隨機應變 수기응변
〈반〉 杓子定規 표자정규

073 임전무퇴 臨戰無退

임할 임 싸움 전 없을 무 물러날 퇴

전쟁에 나아가 물러서지 않음

'싸움에 임하여 물러섬이 없다'는 뜻이에요. 용감하면서도 자신을 희생하는 마음이 담겨 있어요.

074

입신양명
立身揚名
설립 몸신 날릴양 이름명

출세하여 세상에 이름을 떨침

'사회적으로 인정을 받고 출세하여 이름을 세상에 드날린다'는 뜻이에요. 가치 있게 살아가는 삶이란 어떤 모습일지 함께 생각해 보아요.

〈비〉 登龍門 등용문

저 신부님은 아프리카까지 가서 평생 가난과 전쟁으로 고통받는 사람들을 위해 사셨구나….

너무 감동적이야.

근데 저분은 저렇게 재능이 많은데, **입신양명**하고 싶은 마음은 없었을까?

음… 소라야, 여기 아까 마트에서 사온 물이 하나 있어.

내가 이걸 300원 주고 샀거든?

075 자업자득 自業自得
스스로 자업 스스로 자 얻을 득

자기가 벌인 일의 결과는 자기가 받음

'자기가 저지른 일의 결과를 자기가 받는다'는 뜻이에요. 저기 게뚜가 욕심을 부리고 있는 것 같네요. 과연 어떤 결과로 나타날까요?

〈비〉自業自縛 자업자박

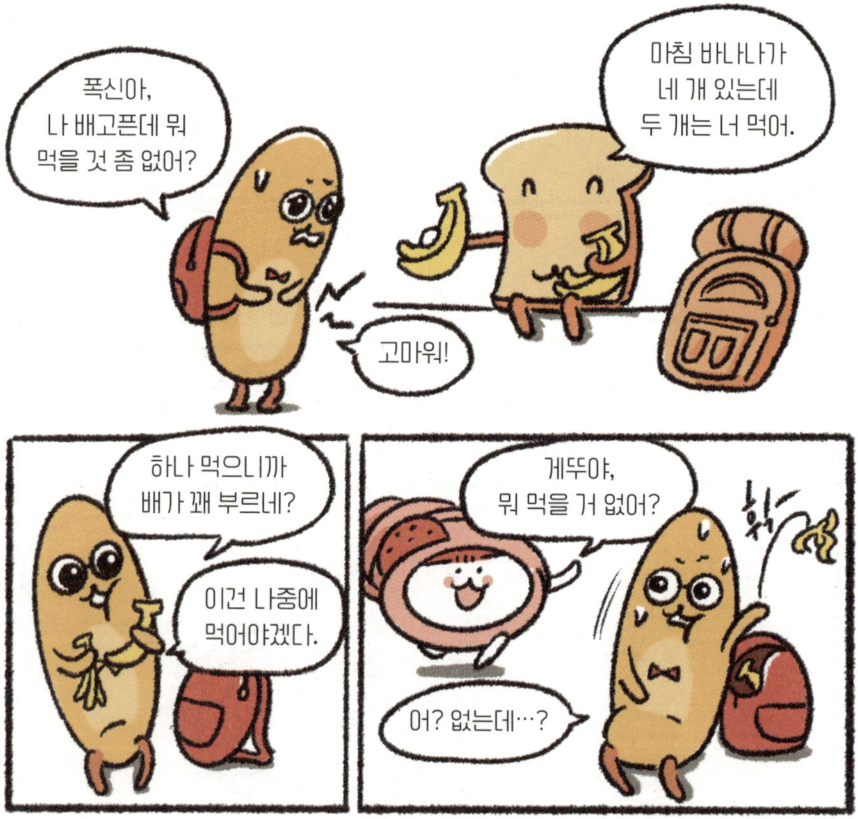

076 자포자기 自暴自棄
스스로자 사나울포 스스로자 버릴기

절망에 빠져 스스로 포기함

'절망에 빠져 자신을 스스로 포기하고 돌아보지 않는다'는 뜻이에요. 포기하고 싶을 때 이글이와 피니같은 친구가 옆에 있으면 참 든든하지 않을까요?

〈비〉 暴棄 포기

077 작심삼일
作心三日
지을**작** 마음**심** 석**삼** 날**일**

결심이 굳지 못함

'마음먹은 지 삼일이 못 간다'는 뜻으로, 결심이 얼마 되지 않아 흐지부지된다는 말이에요. 작심삼일을 이겨내기 위한 소라의 도전! 과연 성공할까요?

〈비〉朝令暮改 조령모개

078 적반하장 賊反荷杖
도둑적 돌이킬반 멜하 지팡이장

잘못한 사람이 잘못 없는 사람을 나무람

'도둑이 도리어 매를 든다'는 뜻으로, 잘못한 사람이 오히려 잘못 없는 사람을 나무랄 때 쓰는 말이에요.

〈비〉客反爲主 객반위주

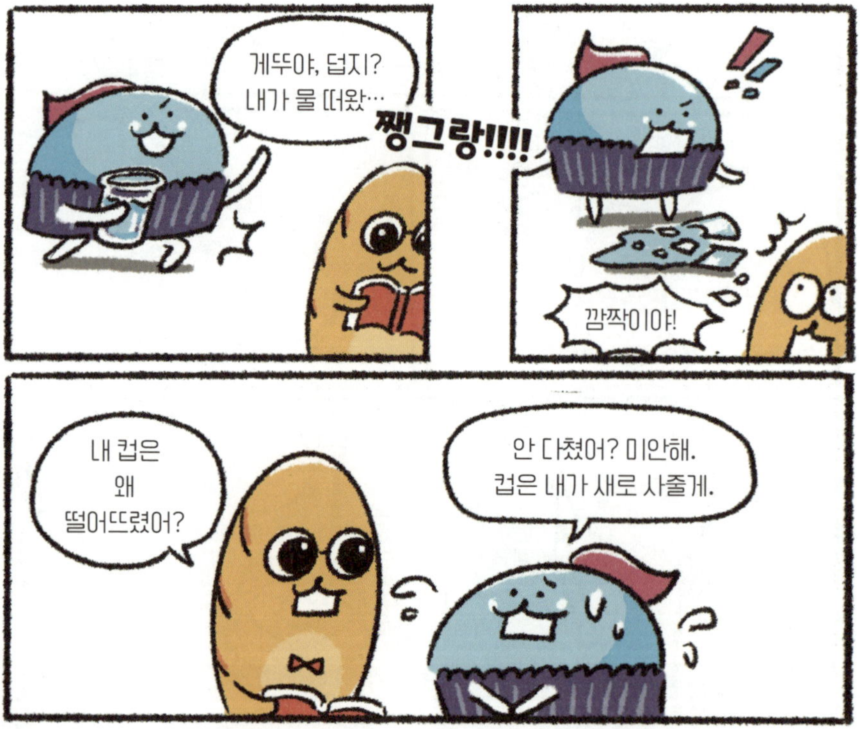

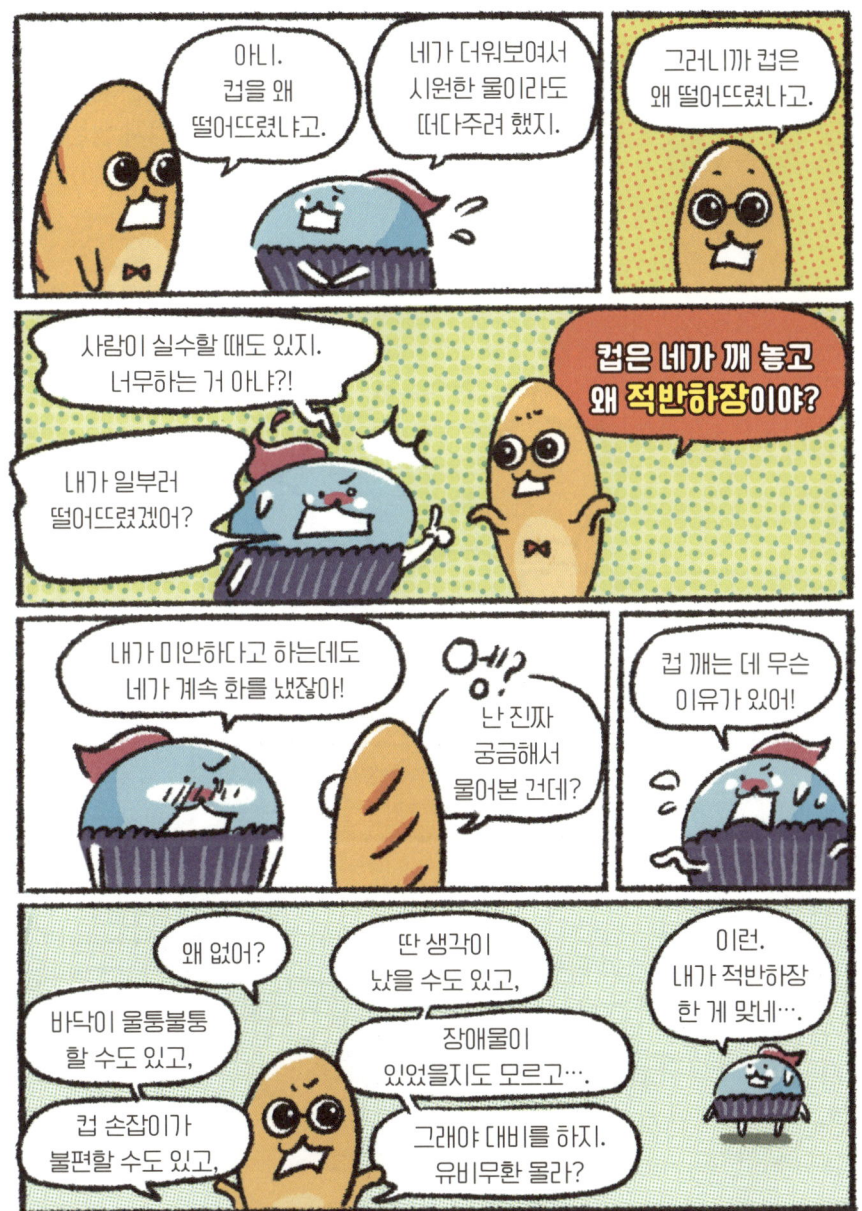

079 전화위복 轉禍爲福
구를전 재앙화 할위 복복

걱정이 바뀌어 오히려 복이 됨

'재앙과 근심, 걱정이 바뀌어 오히려 복이 된다'는 뜻이에요. 그러기 위해서는 긍정적인 마음을 잃지 않는 것이 중요하겠죠?

〈비〉塞翁之馬 새옹지마

지금부터 어린이 요리경연대회를 시작하겠습니다!

난 양파를 썰게. 넌 베이컨 좀 썰어줘.

그래, 알겠어.

이제 난 소스를 만들 테니까 로리는 면 좀 삶아줄래?

좋아. 우리 손발이 척척 잘 맞는데?

맛있는 파스타가 만들어질 것 같아.

080

정신만 차리면 어떤 일도 해낸다

정신일도하사불성
精神一到何事不成
<small>정할정 귀신신 한일 이를도
어찌하 일사 아닐불 이룰성</small>

'정신을 한곳으로 모으면 무슨 일이든 이루어진다'는 뜻이에요. 정신을 집중하여 노력하면 어떤 어려운 일이라도 이겨낼 수 있어요.

〈비〉 中石沒鏃 중석몰촉

081 조삼모사 朝三暮四
아침조 석삼 저물모 넉사

눈 앞에 이익만 좇는 어리석음

눈앞에 보이는 차이만 알고 결과가 같은 것을 모르는 어리석음을 비유하는 말이에요. 얄팍한 속임수에 넘어가지 않도록 차분히 잘 따져봐야 해요.

〈비〉 朝三 조삼

082 좌우명 座右銘
자리 좌 오른쪽 우 새길 명

늘 가까이 가르침으로 삼는 말

늘 자리 옆에 갖추어 두고 가르침으로 삼는 말이나 문구예요. 마음에 새기고 싶은 가르침이 있나요? 늘 곁에 두고 꺼내어 보면 어느새 그렇게 살고 있을 거예요.

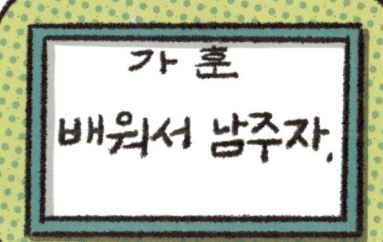

083 좌정관천 坐井觀天
앉을 좌 · 우물 정 · 볼 관 · 하늘 천

사람의 견문이 매우 좁음

'우물 속에 앉아서 하늘을 본다'는 뜻이에요. 우물 속에 앉아서 하늘을 보면 우물 구멍만한 하늘만 보이겠죠? 이처럼 사람의 견문이 매우 좁음을 나타낼 때 쓰여요.

〈비〉井底之蛙 정저지와

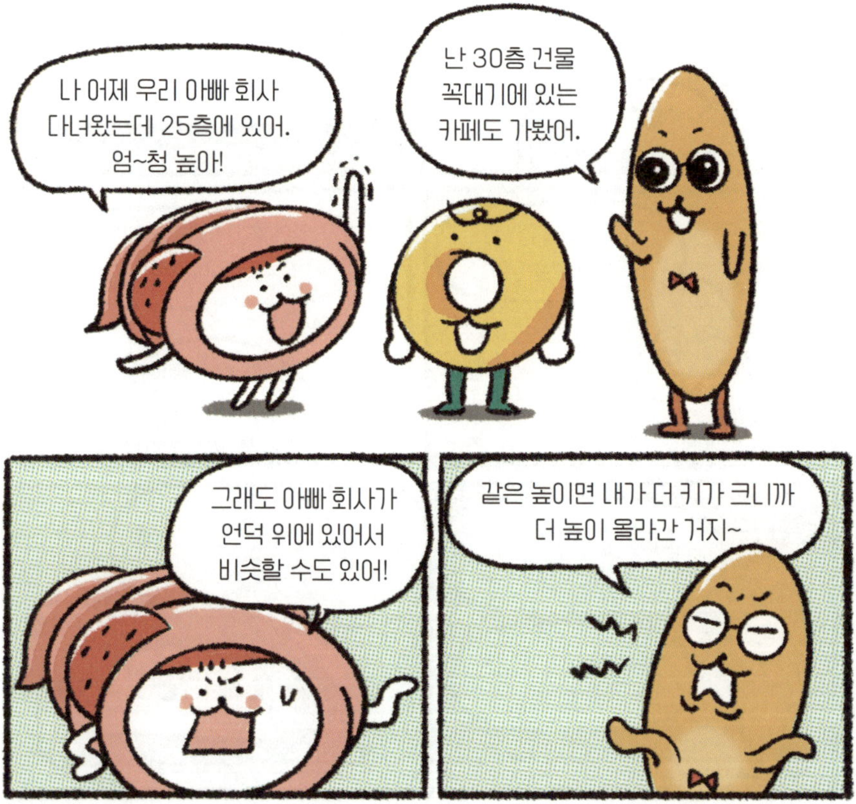

나 어제 우리 아빠 회사 다녀왔는데 25층에 있어. 엄~청 높아!

난 30층 건물 꼭대기에 있는 카페도 가봤어.

그래도 아빠 회사가 언덕 위에 있어서 비슷할 수도 있어!

같은 높이면 내가 더 키가 크니까 더 높이 올라간 거지~

084 주객전도 主客顚倒
임금주 손객 꼭대기전 넘어질도

입장이 뒤바뀐 상태

'주인은 손님처럼 손님은 주인처럼 행동을 바꾸어 한다'는 뜻으로, 입장이 뒤바뀐 상태예요.

〈비〉客反爲主 객반위주

085 줄탁동시 啐啄同時
맛볼쵀 쫄탁 한가지동 때시

서로 도와야 일이 순조롭게 완성됨

병아리가 알에서 깨어나기 위해서는 어미 닭이 밖에서 쪼고 병아리가 안에서 쪼며, 서로 도와야 일이 순조롭게 완성된다는 뜻이에요.

〈비〉啐啄同機 줄탁동기

— 게뚜야, 수학은 진짜 아무리 해도 모르겠어.
— 다음 주에 단원평가 본다는데 어쩌지?
— 내가 좀 도와줄까?
— 며칠 전에 내가 좌우명을 '배워서 남 주자'로 바꿨거든.

— 아, 정말? 고마워. 나 진짜 열심히 할게!
— 세 자리수 뺄셈을 하려면 먼저….

086 지음 知音
알지 소리음

내 속마음까지 알아주는 친구

'거문고 소리를 듣고 안다'는 뜻으로, 자기의 속마음까지 알아주는 친구를 말해요.

〈비〉莫逆之友 막역지우

087 지피지기 知彼知己
알 지, 저 피, 알 지, 몸 기

적을 알고 나를 안다

'적을 알고 나를 알아야 한다'는 뜻이에요. 적의 형편과 나의 형편을 자세히 알아야 이길 수 있지요. 저기 농구 대결이 펼쳐지고 있어요. 이글이는 키가 큰 게뚜를 상대로 어떤 경기를 펼칠까요?

자, 간다!

다 막아주마!

게뚜의 벽을 넘기 힘들걸?

또 졌잖아?

어쩌지? 게뚜 키가 너무 커.

다음엔 좀 더 높이 던져볼까?

좋아!

088 철면피 鐵面皮
쇠철 낯면 가죽피

뻔뻔스럽고 염치없는 사람

'쇠처럼 두꺼운 낯가죽'이라는 뜻으로, 뻔뻔스럽고 염치없는 사람을 이르는 말이에요. 정직하고 투명하게 살아가는 자세를 잘 배워야 해요.

〈비〉厚顔無恥 후안무치

089 청출어람 靑出於藍

푸를청 날출 어조사어 쪽람

스승보다 뛰어난 제자

'푸른색이 쪽에서 나왔으나 쪽보다 더 푸르다'는 뜻으로, 제자가 스승보다 나은 것을 비유하는 말이에요.

〈비〉出藍之譽 출람지예

090 초지일관 初志一貫

처음초 뜻지 한일 꿸관

처음에 세운 뜻을 끝까지 밀고 나감

처음에 가졌던 마음을 끝까지 변치 않고 가져가는 것을 말해요. 피니가 초지일관이 어떤 뜻인지 퀴즈를 내고 있네요. 과연 누가 정답을 맞힐까요?

피니야, 뭐 먹어? 나도 먹고싶다.

나도나도.

어쩌지? 사탕이 하나 밖에 없는데….

그럼 내가 퀴즈를 하나 낼 테니까 맞춘 사람이 먹자!

자, 문제 낸다?! '초지일관'의 뜻은?

피니의 퀴즈타임

초지일관의 뜻은?

① 거짓말을 안 하고 정직함.

② 처음에 세운 뜻을 끝까지 밀고 나감.

③ 초를 다투어 달려감.

091 촌철살인 寸鐵殺人
마디 촌 쇠 철 죽일 살 사람 인

정곡을 찌르는 짧은 말

'한 치의 쇠붙이로도 사람을 죽일 수 있다'는 뜻으로, 간단한 말로도 남을 감동하게 하거나 남의 약점을 찌를 수 있음을 이르는 말이에요.

〈비〉頂門一針 정문일침

092 침소봉대
針小棒大
바늘침 작을소 막대봉 클대

작은 일을 크게 부풀려 말함

'바늘만한 것을 몽둥이만하다고 말한다'는 뜻으로, 작은 일을 크게 부풀려 말한다는 의미예요.

093 타산지석 他山之石
다를타 메산 갈지 돌석

다른 사람의 안좋은 점을 교훈 삼음

'다른 산의 돌'이라는 뜻이에요. 다른 사람의 좋지 못한 점을 교훈삼아 자기를 수행하라는 뜻이 담겨져 있어요.

〈비〉反面教師 반면교사

094
토사구팽
兎死狗烹
토끼토 죽을사 개구 삶을팽

필요할 때만 쓰고, 필요 없을 때는 버림

'토끼를 잡으면 필요 없어진 사냥개도 주인에게 삶아 먹히게 된다'는 뜻으로, 필요할 때는 쓰고, 필요 없을 때는 야박하게 버리는 경우를 이르는 말이에요.

나 어제 50색 색연필 선물받았다~

우와. 진짜 많다!

처음 보는 색도 있네?

나 이거 형광색 한 번만 써봐도 돼?

이것만 있으면 내 그림이 더 완벽해질 것 같아.

보라 진짜 예쁘다! 난 이거 한 번만 빌려줘.

난 하늘색이 좀 필요한데….

095 풍비박산 風飛雹散
바람풍 날비 우박박 흩을산

엉망으로 깨지고 흩어져 버림

'바람이 불어 우박이 이리저리 흩어진다'는 뜻으로, 엉망으로 깨어져 흩어져 버렸다는 말이에요. 친구들이 '인간탑 쌓기'를 하고 있네요. 성공할 수 있을까요?

〈비〉 風散 풍산

다들 준비됐지?

오늘은 꼭 성공하자!

지난 번엔 로리가 재채기해서 **풍비박산** 났었잖아.

그땐 폭신이가 위로 올라오는데 먼지가 떨어져서 그랬어~

096 풍전등화 風前燈火
바람풍 앞전 등등 불화

매우 위태로운 처지에 놓임

'바람 앞의 등불'이라는 뜻으로, 사물이 매우 위태로운 처지에 놓여 있음을 비유적으로 이르는 말이에요.

〈비〉累卵之勢 누란지세

097 학수고대 鶴首苦待
학학 머리수 쓸고 기다릴대

무언가를 간절히 기다림

'학의 목처럼 목을 길게 빼고 간절히 기다린다'는 뜻이에요. 이글이가 택배를 목이 빠지게 기다리고 있네요. 택배는 제시간에 잘 도착할까요?

〈비〉 鶴望 학망

098 함흥차사 咸興差使
다함 일흥 다를차 하여금사

사람이 돌아오지 않거나 소식이 없음

조선 초 태조 이성계를 데리러 함흥에 갔다 돌아오지 않는 사신을 가리키는 말로, 심부름을 간 사람이 소식이 없거나 또는 답변이 좀처럼 오지 않을 때 쓰여요.

〈비〉一無消息 일무소식

099 허심탄회
虛心坦懷
빌허 마음심 평탄할탄 품을회

터놓고 말할 만큼 거리낌 없음

품은 생각을 터놓고 말할 만큼, 아무 거리낌이 없고 솔직하다는 뜻이에요. 가까운 사람과는 허심탄회하게 이야기 나누는 것이 좋아요.

100
호시탐탐
虎視眈眈
범호 볼시 노려볼탐 노려볼탐

형세를 살피며 기회를 엿보는 모습

'범이 눈을 부릅뜨고 먹이를 노려본다'는 뜻으로, 남의 것을 빼앗기 위해 형세를 살피며 가만히 기회를 엿보는 모습을 비유하는 말이에요.

101 화룡점정
畵龙點睛
그림 화 용 룡 점 점 눈동자 정

가장 중요한 부분을 마쳐 일을 끝냄

'용을 그린 다음 마지막으로 눈동자를 그린다'는 뜻으로 가장 요긴한 부분을 마쳐 일을 끝내는 것을 이르는 말이에요.

재미GO! 어휘력GO!
어린이 고사성어 101

| 펴낸날 | 초판1쇄 인쇄 2023년 06월 22일 |
| | 초판1쇄 발행 2023년 06월 29일 |

지은이　윤슬기, 티케
펴낸이　최병윤
편집자　이우경

펴낸곳　운곡서원
출판등록　2013년 7월 24일 제2020-000041호
주　소　서울시 마포구 월드컵로10길 28, 202호
전　화　02-334-4045 팩스 02-334-4046

종　이　일문지업
인　쇄　수이북스

ⓒ윤슬기, 티케
ISBN 979-11-91553-62-8　73710
가격 12,000원

· 저작권법에 따라 보호를 받는 저작물이므로 무단전제와 무단복제를 금합니다.
· 잘못 만들어진 책은 구입하신 서점에서 바꾸어 드립니다.
· 운곡서원은 리얼북스의 인문, 역사 브랜드입니다.
· 독자 여러분의 소중한 원고를 기다립니다(rbbooks@naver.com).